Ann Kathrin Senftner

Mein Malzbierhaar
ist wunderbar

Gedichte für Große und Kleine

AF220853

Ann Kathrin Senftner

Mein Malzbierhaar ist wunderbar

Gedichte für Große und Kleine

mit Illustrationen
von Ann Kathrin Senftner

Dank
Danken möchte ich meinem privaten Korrektorat und Lektorat.

Bibliographische Information der Deutschen Nationalbibliothek: Die Deutsche Nationalbibliothek verzeichnet diese Publikation in der Deutschen Nationalbibliographie; detaillierte bibliographische Daten sind im Internet über http://dnb.dnb.de abrufbar

Herstellung und Verlag
BoD Books on Demand, Norderstedt

ISBN: 9783752671070

Inhalt

Gesundheit

Umwelt

Krieg

Liebe

Gesundheit

Segensgrüße

Tagessegen

Heute einen Segen,
das kann ich dir geben.

Morgensegen

Heute Morgen
mach ich mir keine Sorgen.

Guten Appetit

Und die Stimmen sagten mir:
„Dieses Würstchen gönnst du dir!"
Mit Ketchup und mit Senf dazu
nahm ich das Brötchen und im Nu
sagten die Stimmen:
„Das schmeckt fein!"
Sie hatten recht,
drum biss ich rein.

Bei Faulheit

Aufi geht's

Wie ein Walross lieg ich rum,
das ist famos, das ist nicht dumm,
dann steh ich auf und springe rum,
das ist grandios, ich werd' nicht krumm.

Zahnarztheil

Oh weh, oh weh, oh jemine,
was tut denn da so furchtbar weh?
Ich glaub, es ist ein fauler Zahn,
das passt mit gar nicht in den Kram!

Drum fahr ich schnell zum Zahnarzt hin, der zieht
ihn mir heraus geschwind. Dann hab' ich keine
Schmerzen mehr,
ich fahre hin, es freut mich sehr.

Anfang und Ende

Bist du's allein,
der Leben schafft?

Es gab einmal bei Mary Shelly,
'nen großen bösen Frankenstein.
Das gab ein bitterbös Erwachen,
der konnt' nämlich nur böse sein.

Und jetzt oh Wunder machen sie's
auf eine ganz perfide Art:
Erwecken Leben, das 's nicht gibt,
im Genlabor und auch beim Arzt.
Wenn die Befruchtung künstlich ist, dann wird 's
vielleicht ein Terrorist,
drum wart' auf 's Kind und freu dich schön,
wenn d' bloß mit deinem Partner bist.

Denn Gott allein weiß welche Last,
welch Leben wann auch haben kann.
Denk daran auch Frankenstein,
das war ein bitterböser Mann.
Auch damals war es ein Versehen,

allein es war nicht abzusehen,
drum lass das künstlich Menschenschaffen sein,
bei Allah, das gehört nur Gott allein.
Zum Lieben braucht es wahrlich zwei,
kommt keiner nach ist's einerlei.

Magst du allein das Ende setzen?

Und wenn du dich umbringst,
rückt irgendwo ein Arschloch nach!
Bring dich lieber nicht um,
denn Gott ist's, der dich am Leben mag.

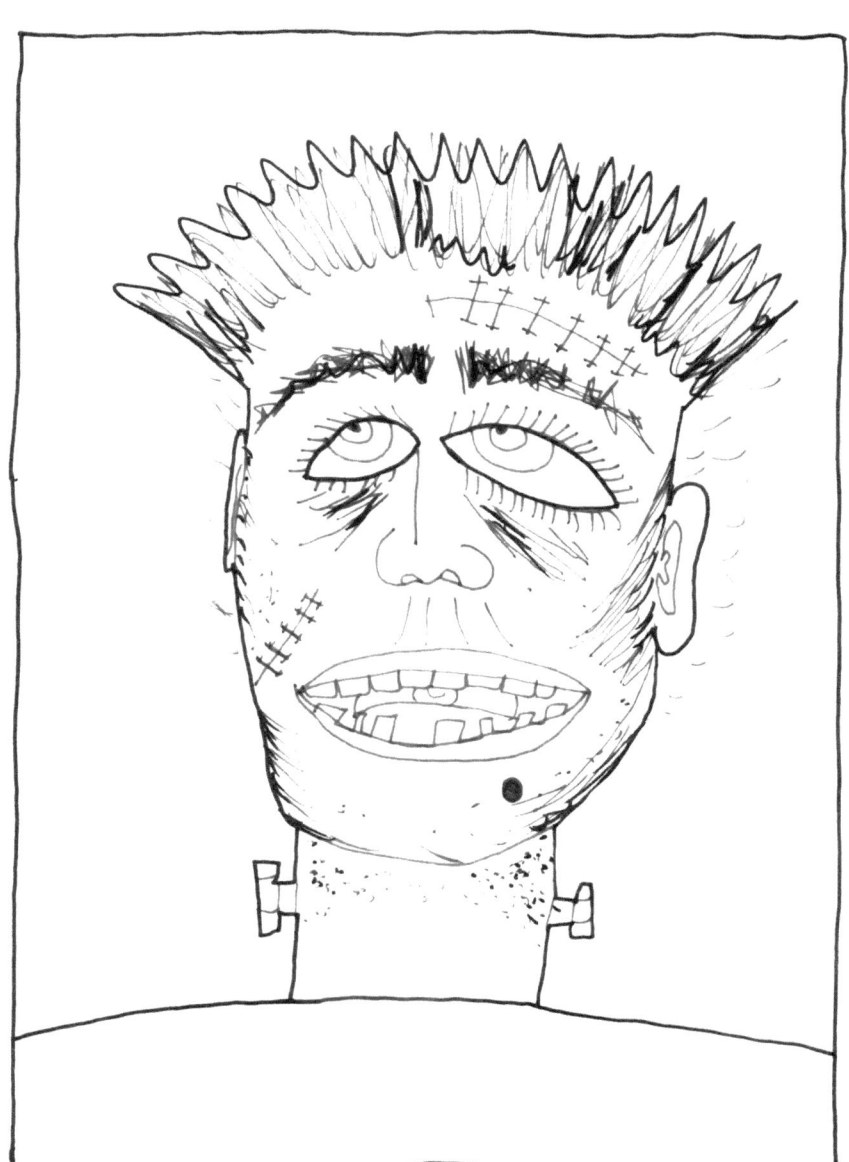

Krankheit

Zielsetzung und Rettung

Manchmal hat man keine Lust,
dann wird die Unlust schnell zu Frust,
's gibt so Dinge, die du musst,
's gibt so Dinge, die du tust.
Und wenn du dann ein wenig ruhst,
und dir was Schönes für dich suchst,
dann kommt auch bald wieder der Spaß,
auf das du wirklich alles hast.

Corona-Mundschutz:

Holzspäne und Fliesenschliff,
danach strebe ich.

Der Schlumpf im Sumpf

Es war einmal ein kleiner Schlumpf,
der saß in einem tiefen Sumpf,
der kam alleine gar nicht raus.
Bis er 'ne Maus nahm ins Geschirr!
Und sagte „Hü", die Maus wurd' wirr,
die ist auf dann ein Pferd geworden,
sie wieherte wild und wurde morgen
wieder zu 'ner kleinen Maus,
und holt' den Schlumpf
aus dem Sumpf raus.

Bei Frust

Zartbitter

Eine zarte Fee,
die sagte sich: „Oh jemine!
Mein je, jetzt bin ich fett!"
Da sagte eine: „Nett!
Siehst nicht mehr so gefährlich aus,
mach dir doch einfach nichts daraus.
'S gibt 'ne wundersame Kraft, die aus Dünnen
Dicke schafft."
„Du meinst es war ein Wunder?"
„Ne, das waren Süßigkeiten,
's hat Bewegung gefehlt."
„Ach so!", dachte sie dann,
„Dann hol ich mir 'nen Mann,
der auch ein bisschen dicklich ist
und mit mir Schokolade isst."

Blitzeblank

Einer ärgerte sich so,
da war er überhaupt nicht froh,
's tat alles weh, konnt' sich nicht wehrn.
Er machte sich sehr viele Sorgen
Und dachte sich:
„Brauche ich die morgen?"
Die Haare, meine schönen Haare,
die werf' ich jetzt einfach ab.

Von Generation zu Generation
verlieren sie die Haare schon.
Allein die Kopfbedeckung macht,
noch keine schlauen Taten, zack,
macht sich ein Haarwuchsmittel drauf,
sah danach unzufrieden aus.
So krault er Löckchen sprießend zart,
und ward sofort nicht mehr
des Moserns höchster Dichter.

Ach babyzart soll deine Glatze sein,
und lachen sollst' bei jedem Stein,
der im Weg dir liegt, man kann's sehn,
's macht nix, wenn dir die Haare fehl'n.

Bei weißen Mäusen

Krankenstand

Heute bin ich krank,
da sage ich: „Gott sei Dank!"
Penn ich einen Tag rum,
dann spring ich wieder herum,
dumdidum.

Sinnesspruch I

Hochmut kommt vor dem Fall,
Und Niedermut ist auch nicht gut.

Sinnesspruch II

Wer zu spät kommt,
den bestraft das Leben.
Und wer zu früh kommt,
der begegnet vielleicht
einem bösen Geist.

Erbgut

Haargesund

Die Maus, die rannte mit 'ner Laus,
auf ihrem Kopf geradeaus.
Sie rannte in ein großes Haus,
da machte sie den Ofen aus,
indem sie durch die Kabel biss,
sie bekam dabei 'n Spliss
in ihre schönen Haare,
das ging so über Jahre,
und irgendwann wurd' es zu bunt,
da tat der Hausbesitzer kund:

„Jetzt wird nur noch mit Holz geheizt,
mit dem Elektroofen reicht's,
Nein, die Maus gefällt mir nicht,
mit ihrem blöden Haarespliss."

Lebensweisheiten

Anfänger

Wir springen erst in den Fluss,
wenn wir an 'ner Bucht sind
wo's Wasser flach ist.

Traumbilder

Lass nicht von deinen Träumen ab,
sonst schaufelst dir dein eignes Grab.

Ehe und Beruf

Willst im Leben glücklich sein,
so lass dich nicht auf Partner ein,
die wollen nur dein Geld allein.

Hilferuf

Mein Gott, mein Gott verlass mich nicht,
auch wenn's manchmal so elend ist.

Wohlstand

Der Dumpeldapp, der zappelt ab,
der denkt, dass er gar alles hat,
und noch was braucht,
ich glaub es auch,
der kriegt dann einen dicken Bauch.
Hat bald genug, dann er ist klug,
und er liest ein gutes Buch.
Jetzt ist er schlau,
die Haare grau,
und sein Leben ist nicht mau.
Der Dumpeldapp, er zappelt ab,
bis er von allem ganz viel hat.

Mein Malzbierhaar

Mein Malzbierhaar ist wunderbar,
doch Speckröllchen, die waren da,
auf einmal,
es war mir nicht klar,
das Malzbierhaar war wunderbar.
Und wundersame Lockenpracht kaschieren, ei wer
hätt's gedacht,
den Hüftspeck,
sanft umschmiegt er mich,
in meinem Speck, da wiegt ich mich,
nur auf die Waage
ging ich nicht.

Umwelt

Verschmutzung

Es war einmal ein kleiner Fisch,
der hieß Josef Wunderlich.
Der Fisch, der schwamm im Meer umher,
und er freute sich gar sehr,
dass das Leben so schön war.

„Ihr fresst da, wir fressen da,
und uns fressen Menschen auf,
das ist des Lebens Kreislauf."
Allein das da drüben war irre,
da starben plötzlich alle Fische!
Zack weg und jetzt was ist passiert?

Das schöne Meer vor Gibraltar,
das wurde dort vom Mensch zerstört.
Da sagte sich Herr Wunderlich:
„Ihr Menschen,
mit mir macht ihr das nicht!"
Drum fragte er, die noch da war'n:
„Können wir's denn denen heimzahl'n?"

Da sagte John der kleinste:
„Das wär' fein,
wir stellen ihnen nur das Bein,

dann fall'n sie reihenweise hin
und tun sich weh,
ich find das ist erstmal okay."

Doch John der kleinste wusste nicht,
dass Leben für Leben oft vergolten wird.
Den Dreck hatten die Menschen selbst,
das hat dort auch sie selbst zerstört.

So stellte John
der kleinste Krebs sein Bein
Und es kam vor Gibraltar
ein großes Unheil,
so gemein vermutzt das Meer dort war,
so krümmte sich der Menschen Haar,
die fielen von alleine um
und John der sagte: „Dum, didum!"

Schmutz und Sauberkeit

Und wenn ich manchmal sauber mach,
da denke ich mir „Ach oh ach,
ist der Akkusauger schwer:
Das Kreuz es schmerzt mir ach so sehr!
Drum nehm' ich doch den mit dem Kabel,
der ist so cool von Vito Schnabel,
doch so designt, da bleibt nichts drin,
drum hole ich den Besen und geschwind,
kehr ich alles weg,
diesen blöden, blöden Dreck,
und sauber ist's, doch ach so fein,
es heißt noch immer: „Besenrein"!

Bodenfruchtbarkeit

Es war einmal ein Blümlein klein,
das reckte seiner Blätter fein,
und kam ein Mops daher gehopst
und legte einen Riesenklops
puh puh gleich neben's Blümelein,
das fand das Blümlein sogar fein,
denn Dünger war's zum Wachsen gut.
Allein der Hartmut war jetzt tot!

Der stand da nebe'm Blümelein,
und war ein kleiner Grashalm rein,
bis er vollgeschissen war,
dann war der Hartmut nicht mehr da.

Krieg

Gangster

Bratwurst

Und sie hatte die Bratwurst umfunktioniert,
zu einer Pistole, das hat funktioniert,
da kamen vorne Pistolenkugeln raus,
damit macht sie
den Gangstern den Garaus
und ging danach deftig ins Wirtshaus.

Berufsrisiko

Ob du gut bist oder nicht
Weiß ich's oder weiß ich's nicht?
Vielleicht fasst dich ja ein Polizist,
weißt du's oder weißt du's nicht?

Über Gut und Böse

Sinneswandel

Es gibt so schlechte Menschen,
die waren einmal gut,
hast Gott auf deiner Seite,
verliere nicht den Mut.

Diktatur

Drum bist du doch ein Hampelmann,
der so gut rumhampeln kann,
so finden sich auch Schnüre dran,
dass man dich gut führen kann.
Drum sein nicht nur ein Hampelmann,
und schau mal was du selber kannst.
Dann hampelst du nicht hinterher,
'nem falschen Held mit 'nem Gewehr.

Bombenattentat

Die Bombe, die ist da,
„Krokodi, Krokoda",
Die Bombe die ist da,
„Krokodi Krokoda",
sag mal, was macht ihr denn da?
Sträubt's euch da nicht gar das Haar?

Da ist das Fass in die Luft gegangen,
es machte laut KAWUMM,
die Leute dort, die fielen reihenweise um.
Hämisch lachten da die Täter,
doch sie lachten nicht mehr später.

Ein kleiner Schaumwein mit 'nem Korken den
machten sie sich fröhlich auf,
allein der kleine Flaschenkorken
der kam von ganz alleine raus.

Und im Keller wo sie jauchzten,
schnellte der ganz schnell umher,
und er traf das Glas vom Boiler,
das merkte keiner der Schurken,
die taten Senf zu den Gurken
und machten sich 'nen Würstchenkuchen.

Leise kam das Erdgas raus,
aus dem kleinen Glasdefekt,
da füllte sich das Gas im Haus,
und es machte laut KAWUMM,
da fielen so wie's sich gehört,
sofort auch alle Täter um.

Drum zündel nicht mit Dynamit,
und halt dich lieber mit Sport fit.

Schlägereien

Bei Flöhen gab's 'ne Keilerei,
Gustav sagte: „Ich bin dabei!"
Sie schlugen und sie zofften sich.
Doch einen ließen sie im Stich,
den hat's besonders hart getroffen:

Der Ewald, der war so besoffen,
der haute viel zu feste zu,
mit einem Knüppel und im Nu,
da kam auch schon die Polizei,

denn mit dem Schorsch war es vorbei.
Der hatte sofort ein Loch im Kopf,
dass ihm nicht mehr das Herzchen klopft.

So kam der Ewald in den Knast
und dacht' bei sich: „Was ist denn das?
Wusst' gar nicht, wie es mir geschieht!
Der Schorsch,
der war doch auch mal lieb!?"
Der Ewald war jetzt Lebensdieb.

So saß er und es reut' ihn so sehr,
Keilereien gab's nicht mehr.
Danach er nur noch einen Floh hat,
der treu ihm war bis in sein Grab.
Dort sagte er zu Gott:
„Ich hab's begriffen,
ich hab' zu feste zugegriffen.
Es tut mir leid oh Herr vergib's?!"

Da war der Ewald wieder lieb
und schaute fortan jeden Tag,
nach Schlägereien und passt acht,
dass keiner zu arg feste schlägt,
dass 's keinem Floh, wie ihm ergeht.

Liebe

Kavalier

Der Flip, er flappte so genial
durch das kleine Rosental.
Da flippte er so flapsig rum
und pflückte sich 'ne Rose, drum
flappste er: „Hab sie gepflückt!
Damit mach ich 'ne Frau verrückt!

...mit kaputten Rosen

Die Nase tut mir furchtbar weh,
und manchmal auch der große Zeh,
mal drückt es hier, mal drückt es da,
es ist wirklich sehr sonderbar.
Vielleicht ist's einfach, weil du fehlst,
du mir nicht auf meinen Zehen stehst,
nicht Stutzekopf versehentlich
mit mir machst
und mich manchmal zwickst und zwackst,
weil d' ein großer Tollpatsch bist,
Und mir's jetzt fehlt:
Das Tollpatschige.

Die Farben der Welt

Ob weiß, ob schwarz oder ganz grau,
die Farben gibt's, das Schlechte auch.
Das Gute ist nicht immer hell,
das Schwarze Mal sensationell,
auch bunt kann manchmal grausam sein.

Der Grundfarben, der gibt es drei:
Gelb, blau, rot, mehr braucht es nicht,
der Farben Kraft ganz ähnlich ist.
Daraus kann man dann alle machen,
braucht's nur Wasserfarb' im Kasten.

Drum denk nicht, dunkel wäre es,
wenn alle Farben sind gemischt!
Es ist, wie's auch im Leben ist,
der Farben **keine** schwarzes ist!

Gegensätzlich ist:
Die Spektralfarben alle: Weiß ergibt,
doch schwarz anmischen umgekehrt
geht nur mit allen Farben her,
gemischte Farben wundern sehr.

Arbeiten

Das T-Shirt, das war wunderschön,
mit dem konnt' man mich sehr gut sehn.
Der Rock, der war gar fürchterlich,
ich zog ihn an und ich fürchtete mich,
ei was ist da denn bloß passiert?

Das Garn war grün, da starben vier,
beim Herstellungsprozess
waren Näher in der Kette,
die bekamen als eins auf die Fresse,
wie sollt' ich dann keinen Horror kriegen,
wenn ich diesen Rock anzieh'?
Drum schickte ich ihn bald zurück, und sagte:

„Der Rock, der bringt kein Glück!"
Das T-Shirt, das behielt ich und
tat ein jedem Wahrheit kund:

So ein altes Kleidungsstück,
hat schon manchen Mann verzückt,
die sehn eh nix auf einen Meter.
Die Annäherung, die kam später,
als's Licht schon dunkel war,
da war's Kleidungsstück egal.

Froschliebe

Der Frosch, der hatte 'nen PC,
jedes Mal sagte er „Oh jemine,
die Froschkönigin ist da gar nicht drin!"
Und es war wirklich sehr, sehr schlimm:
Er dacht' er hätt' ein Bild erheischt, dann wurde er
gar kreidebleich,

das Foto, das war manipuliert,
sie hatte dann der Augen vier.

Da dachte sich der Frosch:
„Oha, 's nächste Mal bin ich schlauer!
Da suchte er ein and'res Bild,
's Pendant dazu war sehr, sehr wild.
Da kam zuletzt eine ganz Süße,
allein die hatte große Füße.

Da dachte sich der Frosch bei sich,
„Dieser PC ist elendig,
ich lauf einfach da draußen rum, dann täuschen
auch die Frau'n nicht rum,
oh ein kleines bisschen denn,
geschminkt sind die, es ist plemplem,
unter Indianermasken tun,
die ja ganz anders aussehen - uh!"

Gleich und Gleich gesellt sich gerne

Der Frosch, der hüpft
und quakt und spricht:
„Du schöne toll Prinzessin bist,
ich sing' dir ein Gedicht!"

So quakt er froh und dichtet so:
„Ein schönes Kleid hast, biste froh
ein sehr hübsches Prinzesschen zu sein?
Es ist mir Qual, es ist mir Pein,
drum muss ich ehrlich sagen dir:
Ein schleimig' Frosch ist lieber mir!"

Wie zwei Flöhe springen wir in die Höhe

Irgendwo im Nirgendwo
sitzt ein kleiner Superfloh,
der springt so hoch, der springt so weit,
mit dem wäre ich gerne zu zweit.
Ich gebe hier ein Zeichen von mir,
springe in die hohe Luft,
da plötzlich ist er schon bei mir,
zwischen uns nur noch 'ne Kluft,
da nehmen wir die Treppen durch,
wir treffen uns und sind ganz ruhig.
Ist grade nochmal gut gegangen,
endlich sind wir zwei zusammen!

Ein Weihnachtsmärchen

Der Weihnachtsbaum,

der kriegt 'n Schreck,

die Plätzchen, die sind alle weg.

Drum grüßt den lieben Gott ihr Leut',

darüber sich der Jesus freut.

Der Esel, ja der wiehert und staunt,

er guckt so lieb, das glaubt man kaum.

Auf dass du nicht der Esel bist,

der Trockenbrot und Möhren frisst.

Oh, Plätzchen ja sind wieder da,

das Christkind war gerade da.

Jetzt hat sie auch der Baum gegessen,

dass er's nicht konnt', hat er vergessen.